Makramee
Moderne Projekte zum schönen Aufbewahren

Jacqueline Sommer

Makramee

Moderne Projekte zum schönen Aufbewahren

mitp

Bibliografische Information der Deutschen Nationalbibliothek

Die Deutsche Nationalbibliothek verzeichnet diese Publikation in der Deutschen Nationalbibliografie; detaillierte bibliografische Daten sind im Internet über https://portal.dnb.de/opac.htm abrufbar.

Bei der Herstellung des Werkes haben wir uns zukunftsbewusst für umweltverträgliche und wiederverwertbare Materialien entschieden.

Der Inhalt ist auf elementar chlorfreiem Papier gedruckt.

ISBN 978-3-7475-0850-3
1. Auflage 2024

www.mitp.de
E-Mail: mitp-verlag@lila-logistik.com
Telefon: +49 7953 / 7189 - 079
Telefax: +49 7953 / 7189 - 082

Lektorat und Sprachkorrektorat: Katja Völpel
Covergestaltung: Christian Kalkert
Bildnachweis: Andreas Sommer
Satz: Petra Kleinwegen
Druck: ADverts in Riga, Lettland

Druckprodukt mit finanziellem
Klimabeitrag
ClimatePartner.com/18246-2409-1006

Inhalt

Makramee ist mein Yoga …

… denn bei keinem anderen Zeitvertreib kann ich so abschalten und entspannen.

Im manchmal sehr hektischen und stressigen Alltag zwischen Familie, Job und Haushalt ist das Knüpfen meine kleine Oase der Ruhe.

Etwas mit eigenen Händen zu erschaffen und zu sehen, wie ein Projekt Knoten um Knoten wächst, ist ein unheimlich schönes Gefühl, was mich nicht nur stolz, sondern auch unglaublich glücklich macht. Zudem liebe ich es, mit natürlichen Materialien wie Baumwolle, Ästen und Holzperlen zu arbeiten.

Mit meiner Liebe für diese traditionsreiche Knüpfkunst habe ich bereits viele Menschen auf Instagram angesteckt und zeige dort, wie vielfältig, praktisch und modern Makramee sein kann.

Für dieses Buch habe ich 11 wunderschöne Projekte zum Thema »Aufbewahrung« ausgewählt, mit denen du deinem Wohlfühlzuhause ein wenig von dem angesagten Boho-Flair verleihen kannst.

Also nimm dir etwas Zeit für dich, mach es dir gemütlich und lass uns gemeinsam in die Welt des Makramee eintauchen.

Deine Jacky

ZN
INSTAGRAM MAKRAMEE ARTISTS
Special
Limited Edition
ZN
makramee

Garnkunde

Makrameegarn gibt es in drei unterschiedlichen Arten: gezwirnt, gedreht und geflochten. Welches Garn am besten geeignet ist, hängt von dem jeweiligen Projekt ab.

Gezwirntes Garn besteht aus mehreren einzelnen Zwirnen (Fäden), welche einmal miteinander verdreht werden.

Da die Fäden nur locker verbunden sind, lassen sie sich leicht auskämmen. Dadurch eignet sich gezwirntes Garn wunderbar für Tasseln, Federn, Wimpelketten oder Anhänger.

Beim **gedrehten Garn** werden mindestens zwei oder mehr Stränge gezwirnten Garns miteinander eingedreht. Dadurch ist es etwas fester als gezwirntes Garn.

Gedrehtes Garn hat eine schöne Struktur, die Projekten einen besonderen Look verleiht, und es lässt sich – wenn auch etwas schwieriger als gezwirntes Garn – ebenfalls auskämmen.

Ich verwende gedrehtes Garn sehr gern für Windlichter, Vasen, Flaschenhalter, Coaster oder auch Tischläufer.

Geflochtenes Garn entsteht durch einen geflochtenen Mantel, der meist mit einem Kern gefüllt ist. Das macht das Garn sehr stabil. Es zieht nicht so schnell Fäden und verzeiht beim Knüpfen auch Fehler, weswegen es sich gut für Anfänger eignet.

In der Regel kann man geflochtenes Garn nicht auskämmen. Aufgrund seiner Eigenschaften ist es besonders für Taschen, Körbe und Wandbehänge zu empfehlen.

Alle Arten von Garn gibt es in verschiedenen Stärken und natürlich vielen unterschiedlichen Farben.

Tipp

Es gibt viele Hersteller von Makrameegarn. Hinsichtlich der Beschaffenheit, der Qualität und des Preises gibt es jedoch recht große Unterschiede. Hier lohnt es sich zu vergleichen.

Ich habe alle Projekte dieses Buches mit dem Garn von der zn designmanufaktur geknüpft.

Makrabags
60

Materialkunde

Wenn du Anfänger bist und gern ins Makramee einsteigen möchtest, benötigst du neben dem Garn auch einige Hilfsmittel und etwas Zubehör.

Zu den wichtigsten Hilfsmitteln gehört auf jeden Fall eine scharfe **Schere**, damit du nicht nur dein Garn zuschneiden kannst, sondern auch dekorativen Fransen den richtigen Feinschliff verleihst.

Zum Abmessen der Fäden für deine Projekte genügt ein einfaches **Maßband** (kein Zollstock).

Außerdem empfehle ich dir ein **Kork-Klemmbrett** mit Pins, auf dem du dir deine Projekte befestigen kannst.

Zu den weiteren nützlichen Helfern gehört auf jeden Fall auch ein **Knüpfständer**, um Projekte, die im Hängen geknüpft werden (Wandbehänge, Körbe, Taschen), zu fixieren.

Große **Stopfnadeln** helfen beim Vernähen.

Zum Auskämmen von Fransen benötigst du zudem einen **Kamm** oder eine **Bürste**.

Auf deiner kreativen Reise wird dir eine Vielzahl von Materialien begegnen, die du für deine Makramees nutzen kannst. Sehr beliebt sind dabei Naturmaterialien wie Äste, Ringe oder Holzperlen.

Auch Metallelemente wie Karabiner werden häufig verwendet, zum Beispiel für kleine Anhänger.

Der Fantasie sind hier absolut keine Grenzen gesetzt und du wirst im Laufe der Zeit feststellen, wie vielfältig Makramee sein kann.

Tipp

Es ist schwierig, gutes Makramee-Equipment zu finden. Ich war selbst lange auf der Suche nach geeignetem Zubehör und bin schließlich im Shop von **www.brightstarsdesign.de** fündig geworden.

Knotenkunde

Ankerknoten (Variante von vorn)

Mit dem Ankerknoten beginnen die meisten Makramee-Projekte, denn er wird dafür verwendet, Fäden an einem Projekt oder Träger zu befestigen (z.B. einem Arbeitsfaden oder Ring).

Bei der Variante von vorn nimmst du hierfür einen Faden doppelt, legst ihn mit der Schlaufe hinter deinen Träger, führst die beiden Fadenenden um den Träger nach vorn herum und fädelst sie durch die entstandene Schlaufe durch (Abbildung 1).

Ankerknoten (Variante von hinten)

Bei der Variante von hinten nimmst du ebenfalls einen Faden doppelt und legst ihn mit der Schlaufe auf deinen Träger, allerdings liegt die Schlaufe dabei diesmal vor dem Träger. Die beiden Fadenenden führst du hinter dem Träger herum und fädelst sie durch die Schlaufe nach vorn durch (Abbildung 2).

Ziehe den entstandenen Knoten jeweils schön fest an.

Halber und ganzer Kreuzknoten

Der Kreuzknoten ist der Grundknoten schlechthin im Makramee. Er wird in der Regel mit vier Fäden geknüpft. Die beiden äußeren Fäden werden dabei miteinander um die beiden inneren Fäden, die sogenannten Mittelfäden, verknotet.

Für den halben Kreuzknoten von links nimm den äußeren linken Faden und führe ihn über die beiden Mittelfäden nach rechts herüber. Nimm nun den rechten äußeren Faden, lege ihn über den von links kommenden Faden, führe ihn unter diesem und hinter den beiden Mittelfäden entlang. Anschließend fädelst du ihn nach vorn durch die entstandene Schlaufe des linken Fadens hindurch.

Der ganze Kreuzknoten entsteht durch zwei halbe Kreuzknoten, die spiegelverkehrt geknüpft werden. Knüpfe zunächst einen halben Kreuzknoten wie zuvor (Abbildung 3) von links. Anschließend knüpfe einen weiteren halben Kreuzknoten – diesmal jedoch von rechts. Lege also den rechten äußeren Faden über die Mittelfäden nach links herüber, nimm den linken äußeren Faden und führe ihn über den rechten Faden hinter die Mittelfäden und durch die Schlaufe des rechten Fadens vorn hindurch (Abbildung 4). Es spielt keine Rolle, von welcher Seite du deinen Kreuzknoten beginnst, solange du die beiden halben Knoten abwechselnd links und rechts knüpfst.

Rippenknoten

Mit dem Rippenknoten lassen sich Muster und Linien im Makramee darstellen. Er kann sowohl horizontal als auch diagonal geknüpft werden. Und das von links oder rechts.

Der Rippenknoten wird mit mindestens zwei, oftmals sogar mit mehreren Fäden geknüpft. Dabei werden Knoten um einen Führfaden aufgereiht. Der Führfaden gibt die Richtung vor.

Für den halben Rippenknoten halte den Führfaden fest und führe den zweiten Faden um den Führfaden herum. Fädele den Faden durch die entstandene Schlaufe und schiebe den Knoten nach oben (Abbildung 5).

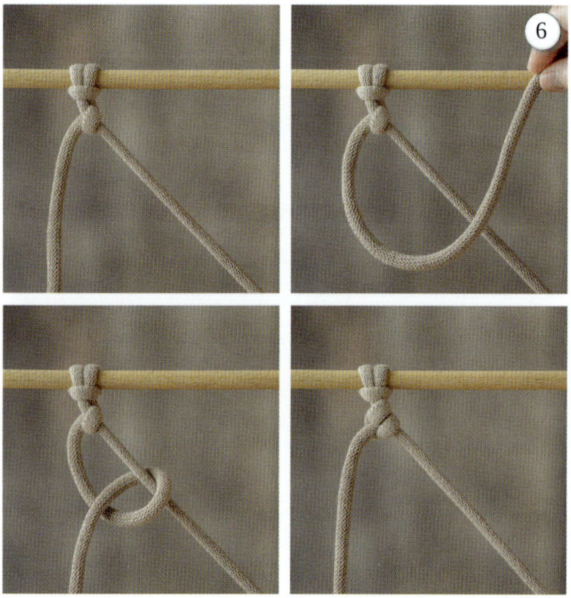

Um den Rippenknoten zu vervollständigen, wiederhole den Schritt für den zweiten halben Knoten. Der Führfaden bleibt dabei derselbe. Während der erste halbe Knoten die Position des Rippenknotens festlegt, wird er durch den zweiten halben Knoten fixiert (Abbildung 6).

Für eine Rippenknotenreihe mit mehreren Fäden bildet in der Regel der erste Faden den Führfaden, um den die restlichen Fäden wie beschrieben geknüpft werden.

Wickelknoten

Mit dem Wickelknoten enden viele Projekte. Er wird dazu genutzt, Fäden dekorativ zu ummanteln oder abzubinden.

Nimm dir hierzu einen zusätzlichen Faden (in der Abbildung braun dargestellt), bilde an einem Ende eine kleine Schlaufe. Lege diese Schlaufe an deinem zu umwickelnden Projekt an und führe den Faden mehrmals um die Fäden und die Schlaufe herum. Wenn du dein Projekt in der gewünschten Länge umwickelt hast, führe den Faden in der letzten Runde durch die kleine Schlaufe hindurch (Abbildung 7).

Ziehe nun an dem kurzen Fadenende, das über dem Wickelknoten herausschaut, und halte den langen Faden dabei weiter straff fest, um den Knoten zu fixieren. Du wirst merken, dass sich der Knoten dadurch festzieht. Je mehr du an dem oberen Faden ziehst, desto weiter wird der Knoten in den Wickelknoten hineinrutschen. Ziehe so lange weiter, bis der Knoten etwa in der Mitte des Wickelknotens verschwunden ist.

Schneide beide Fäden kurz ab und verstecke die Enden vorsichtig (zum Beispiel mit der Spitze einer Schere) im Wickelknoten (Abbildung 8).

Versetztes Kreuzknotenmuster

Um im Makramee Flächen zu knüpfen, nutzt man das versetzte Kreuzknotenmuster in verschiedenen Varianten.

Ein Muster mit einer festen Struktur entsteht, indem du zwischen zwei Kreuzknoten einen weiteren Kreuzknoten knüpfst. Hierfür nutzt du die beiden letzten Fäden eines Kreuzknotens und die beiden ersten Fäden des danebenliegenden Kreuzknotens und knüpfst mit diesen vier Fäden einen neuen, darunterliegenden Kreuzknoten.

Dieses Muster kannst du mit beliebig vielen Kreuzknoten knüpfen.

Versetztes Kreuzknotenmuster mit Randmasche

Mit dem versetzten Kreuzknotenmuster kannst du ebenfalls eine Fläche mit Randmasche knüpfen.

Am Anfang jeder ungeraden Reihe nutzt du hierfür jedoch die zwei ersten Fäden des ersten Kreuzknotens der vorherigen ungeraden Reihe und die ersten beiden Fäden des Kreuzknotens aus der vorherigen geraden Reihe. Durch die größere Lücke zwischen den Reihen entsteht eine Masche. Am Ende der Reihe nutzt du die zwei Fäden des letzten Kreuzknotens der vorherigen geraden Reihe und die beiden letzten Fäden des letzten Kreuzknotens der vorherigen ungeraden Reihe.

Abnehmendes Kreuzknotenmuster

Das abnehmende Kreuzknotenmuster entsteht ebenfalls durch versetzt geknüpfte Kreuzknoten – jedoch ohne Randmasche.

Durch das versetzte Knüpfen reduziert sich in jeder weiteren Reihe die Anzahl der Kreuzknoten um einen Knoten. Du kannst dieses Muster Reihe für Reihe so lange wiederholen, bis du am Ende nur noch einen Kreuzknoten ganz unten übrig hast.

Während beim versetzten Knüpfen mit Randmasche eine eckige Fläche entsteht, erhältst du bei dieser Variante eine Fläche in der Form eines Dreiecks mit nach unten gerichteter Spitze.

Zunehmendes Kreuzknotenmuster

Du kannst auch eine Fläche im Dreiecksmuster knüpfen, bei der die Spitze oben ist. Hierfür knüpfst du zunächst mit den mittleren vier Fäden den ersten Kreuzknoten.

Nutze in der zweiten Reihe die beiden Fäden des nächstliegenden freien Ankerknotens und die beiden ersten Fäden des ersten Kreuzknotens und verknüpfe diese zu einem versetzten Kreuzknoten. Anschließend verknüpfst du die zwei letzten Fäden des ersten (oberen) Kreuzknotens mit den beiden freien Fäden des nächsten Ankerknotens. Setze dieses Muster in der gewünschten Länge fort. Fülle dabei auch die Mitte mit Kreuzknoten auf.

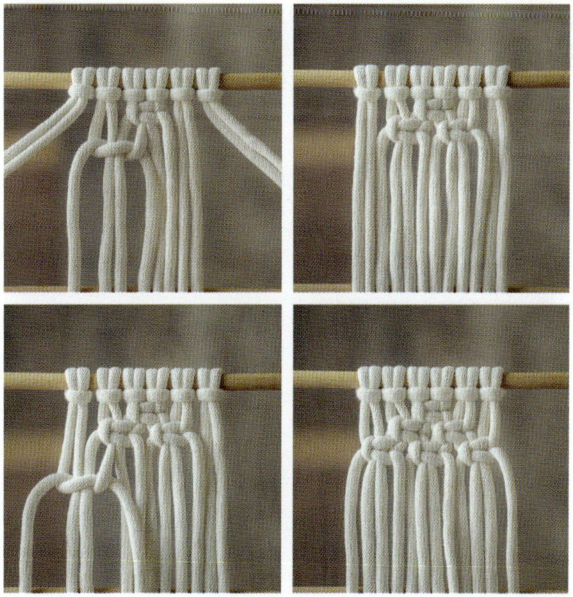

Projekt 1

Lipstickanhänger

Materialien

- 1 Karabiner
- ca. 11 m Baumwollgarn (Stärke 3 mm)

Ich empfehle dir zum Knüpfen dieses Anhängers ein gezwirntes oder gedrehtes Garn.

Zur Befestigung des Projekts kann ein Korkklemmbrett sehr hilfreich sein.

Tipp

Für dieses Projekt findest du eine ausführliche Videoanleitung auf meinem Instagram-Kanal @makrabags:

Schritt 1 – Vorbereitung

Schneide dir 10 Fäden mit je 1 m Länge zu.

Nimm nun die ersten beiden Fäden, falte sie jeweils in der Mitte und befestige sie mittels Ankerknoten (Variante von vorn) an deinem Karabiner. Achte darauf, dass du die Knoten schön festziehst.

Schritt 2

Knüpfe nun mit den ersten 4 Fäden einen Kreuzknoten.

Nimm einen weiteren Faden doppelt, lege ihn hinter die ersten beiden Fäden des ersten Kreuzknotens und verknüpfe diese 4 Fäden zu einem weiteren Kreuzknoten.

Schiebe den nun entstandenen Knoten bis ganz nach oben unter den ersten Kreuzknoten.

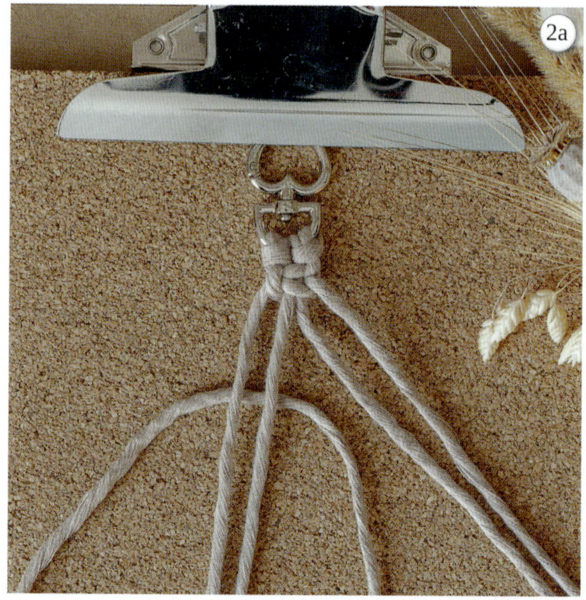

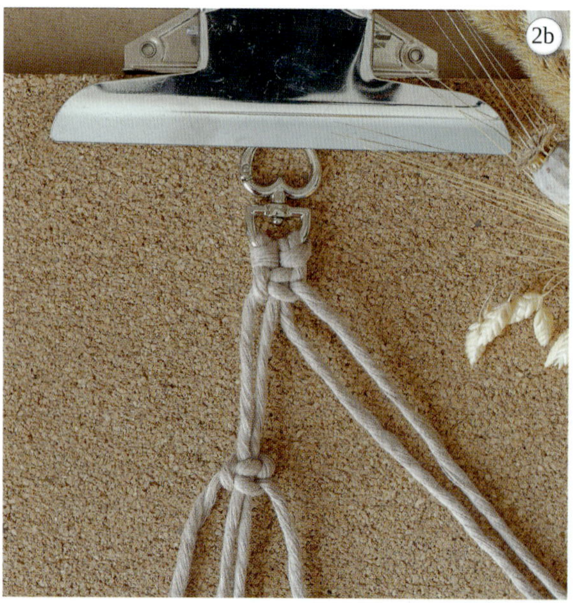

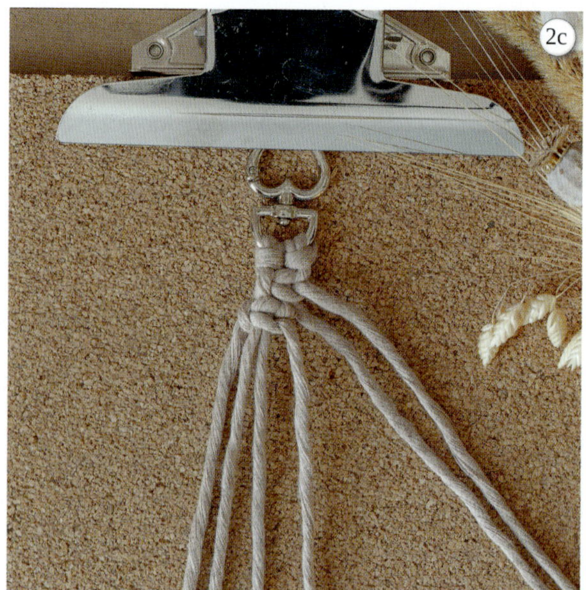

Schritt 3

Wiederhole nun Schritt 2 auch auf der rechten Seite deines Projekts.

Nimm dir also einen weiteren Faden, falte ihn in der Mitte zusammen, lege ihn hinter die letzten beiden Fäden des ersten Kreuzknotens und verknüpfe auch diese 4 Fäden zu einem weiteren Kreuzknoten.

Jetzt schiebst du den entstandenen Knoten bis ganz nach oben unter den ersten Knoten.

Schritt 4

Bringe nun auch die übrigen 6 Fäden in dein Projekt ein, indem du jeweils am Anfang und am Ende jeder neuen Reihe einen weiteren Faden hinzufügst.

Die Lücke in der Mitte wird jeweils mit Kreuzknoten geschlossen. In der dritten Reihe knüpfst du dafür in der Mitte einen Kreuzknoten hinzu. 2 weitere Kreuzknoten folgen in Reihe vier. Reihe fünf füllst du mit insgesamt 3 Kreuzknoten auf.

Wenn alle 10 Fäden verknüpft sind, sollte dein Projekt fünf Knotenreihen in Form eines Dreiecks haben (zunehmendes Kreuzknotenmuster).

Schritt 5

Knüpfe als nächstes das Knotendreieck zusammen: Nimm dafür die ersten beiden Fäden des ersten Kreuzknotens und die letzten beiden Fäden des letzten Kreuzknotens zusammen und verbinde sie mit einem weiteren Kreuzknoten.

Dies wird später die Öffnung deines Anhängers, in die du deinen Lippenstift hineinschieben kannst.

Schritt 6

Drehe dein Projekt einmal auf die Rückseite und suche dir 2 beliebige Kreuzknoten. Knüpfe nun versetzt darunter einen weiteren Kreuzknoten.

Ab hier knüpfst du in Runden immer versetzte Kreuzknoten, bis du die gewünschte Länge erreicht hast.

Ich empfehle dir, insgesamt etwa neun Runden zu knüpfen.

Tipp

Jeder nutzt anderes Garn und knüpft etwas anders. Dementsprechend werden auch die Maße fertiger Projekte immer ein wenig unterschiedlich ausfallen. Wenn du dir nicht sicher bist, ob die Länge deines Anhängers ausreicht, kannst du einfach einen Lippenstift, Öl-Roll-On oder ähnliches vorab einmal hineinstecken und die Länge individuell anpassen.

Schritt 7 – Fertigstellung

Verschließe deinen Anhänger nun mittels Wickelknoten. Hierfür benötigst du einen zusätzlichen Faden von etwa 50 cm Länge.

Zum Abschluss schneidest du die Fransen auf deine gewünschte Länge zurecht.

Variante/Abwandlung

Deinen fertigen Lipstickanhänger kannst du nicht nur für Lippenstifte, Öl-Roll-Ons oder Kühlsticks verwenden, sondern in einer etwas abgewandelten Variante auch als kleine Hängevase.

Nimm hierfür einfach statt des Karabiners einen kleinen Holzring und etwas längere Fäden von ca. 1,40 m. Knüpfe ein paar Runden mehr herunter, sodass ein kleines Reagenzglas hineinpasst, das du mit einer Blume oder Gräsern befüllen kannst.

HOME SWEET HOME
MY Happy PLACE

Projekt 2

Fotohalter »Herzen«

Materialien

- 1 Holzring (Durchmesser 3,5 - 4,5 cm)
- ca. 8 m Baumwollgarn (Stärke 3 mm)

Für den Fotohalter kannst du sowohl gezwirntes als auch gedrehtes oder geflochtenes Garn nehmen.

Zur Befestigung des Projekts kann ein Korkklemmbrett sehr hilfreich sein.

Tipp

Für dieses Projekt findest du eine ausführliche Videoanleitung auf meinem Instagram-Kanal @makrabags:

Schritt 1 – Vorbereitung

Schneide dir 5 Fäden mit je 1,50 m Länge zurecht.

Nimm die ersten 3 Fäden, falte sie jeweils in der Mitte und befestige sie mittels Ankerknoten (Variante von vorn) an deinem Holzring. Achte darauf, dass du die Knoten schön festziehst.

Schritt 2 – Fertigstellung

Um das Herzmuster zu knüpfen, nutzt du den Rippenknoten.

Beginne auf der linken Seite und führe den ersten Faden von links diagonal nach rechts als Führfaden hinüber. Halte ihn schön straff fest und knüpfe über diesen Führfaden von links nach rechts Rippenknoten über 2 Fäden zur Mitte hin.

Tipp

Der Führfaden gibt immer die Richtung deiner Knotenreihe vor. Je nachdem, wie du ihn hältst, verläuft später auch deine Rippenknotenreihe. Nutze ihn daher als eine Art Navigator, der dir zeigt, wohin du die Knoten haben möchtest.

Für unser aktuelles Projekt sollen die Rippenknotenreihen diagonal verlaufen. Halte den Führfaden daher leicht schräg nach unten.

Schritt 3

Wiederhole Schritt 2 auch auf der rechten Seite.

Hier ist nun der Faden ganz rechts der Führfaden. Führe ihn diagonal nach links und knüpfe auch hier 2 Rippenknoten über 2 Fäden zur Mitte hin.

Schritt 4

Verbinde die beiden entstandenen Rippenknotenreihen in der Mitte mit einem weiteren Rippenknoten. Von welcher Seite du diesen knüpfst, spielt hierbei keine Rolle.

Schritt 5

Nun fügst du auf der linken Seite einen weiteren Faden hinzu. Hierfür faltest du den neuen Faden ebenfalls in der Mitte und reihst ihn mit dem Ankerknoten (Variante von hinten) auf den ersten Faden der linken Seite auf.

Schritt 6

Wiederhole Schritt 5 auch auf der rechten Seite. Nimm auch hier einen weiteren Faden, falte ihn in der Mitte und reihe ihn mittels Ankerknoten auf dem letzten Faden der rechten Seite auf.

Schritt 7

Verknüpfe nun die beiden neuen Fäden des Ankerknotens der linken Seite mit den beiden danebenliegenden Fäden aus der linken Rippenknotenreihe zu einem Kreuzknoten.

Wiederhole diesen Schritt auch auf der rechten Seite. Nimm hierzu die beiden übrigen Fäden aus der rechten Rippenknotenreihe und die beiden neuen Fäden aus dem Ankerknoten der rechten Seite und verknüpfe sie zu einem Kreuzknoten.

Anschließend knüpfst du versetzt unter den beiden Kreuzknoten einen weiteren Kreuzknoten.

8a

Schritt 8

Die 3 Kreuzknoten werden nun von Rippenknoten »umrandet«. Hierfür beginnst du auf der linken Seite und legst dir deinen Führfaden diagonal nach rechts. Knüpfe nun über die nächsten 4 Fäden Rippenknoten bis zur Mitte.

Wiederhole diesen Schritt auf der rechten Seite.

Jetzt verschließt du die beiden Rippenknotenreihen in der Mitte durch einen weiteren Rippenknoten.

8b

8c

Schritt 9

Nimm den dritten Faden von links als Führfaden und knüpfe nun Rippenknoten diagonal über die ersten beiden Fäden der linken Seite. Die Rippenknotenreihe wird also diesmal nicht zur Mitte, sondern nach außen geknüpft.

Wiederhole diesen Schritt auf der rechten Seite.

Schritt 10

Als nächstes wiederholst du die Schritte 7 und 8 und knüpfst 2 weitere Herzen, bis dein Muster insgesamt 3 Herzen hat.

Schritt 11

Nimm dir nun ein Foto und lege es unter die beiden mittleren Fäden. Führe die mittleren Fäden jeweils einmal diagonal über die oberen Ecken des Fotos nach hinten.

Drehe deinen Fotohalter einmal auf die Rückseite, überkreuze die Fäden hinter dem Foto und führe sie diagonal nach unten um die unteren Ecken des Fotos herum.

Drehe den Fotohalter wieder auf die vordere Seite.

Schritt 12

Schneide dir einen zusätzlichen Faden von 50 cm Länge zurecht und verschließe damit deinen Fotohalter unter dem Bild mit Hilfe des Wickelknotens.

Tipp

Das richtige Einlegen und Festklemmen des Fotos in den Fotohalter erfordert etwas Übung. Wenn du feststellst, dass das Foto am Ende zu locker sitzt, ziehe noch einmal an den umwickelten Fäden, um das Projekt zu straffen.

Schritt 13 – Fertigstellung

Schneide die Fäden auf die gewünschte Länge ab. Dein Fotohalter ist nun fertig und bereit zum Aufhängen.

Besonders hübsch sieht es aus, wenn du zwei oder drei Fotohalter zusammen aufhängst.

Statt eines Fotos kannst du auch eine Karte einspannen. Dadurch eignet sich dieses Projekt perfekt als Geschenkidee für beispielsweise den Valentins- oder Muttertag.

Projekt 3

Minitasche

Materialien

- 1 Karabiner
- 2 Perlen
- ca. 21 m Baumwollgarn (Stärke 3 mm)

Für diesen Anhänger eignet sich ein gezwirntes Baumwoll- oder Bambusgarn.

Zur Befestigung des Projekts kann ein Knüpfständer sehr hilfreich sein.

Tipp

Für dieses Projekt findest du eine ausführliche Videoanleitung auf meinem Instagram-Kanal @makrabags:

Schritt 1 – Vorbereitung

Schneide dir 20 Fäden mit je 1,00 m Länge, sowie 2 Fäden mit je 0,50 m Länge zurecht.

Schritt 2

Nimm die beiden kurzen Fäden (0,50 m) und verknote sie jeweils locker an den beiden Enden.

Lege die Schlaufen der beiden Fäden so übereinander, dass jeweils ein Knotenende an jeder Seite liegt. In der Mitte entsteht so ein Schlaufenring. Dies bildet die Grundlage für den späteren Tunnelzug unserer Minitasche.

Den Karabiner legst du in die Mitte des Schlaufenrings.

Schritt 3

Befestige die ersten 10 langen Fäden mittels Ankerknoten (Variante von hinten) an der unteren Seite des Schlaufenrings und binde dabei auch den Karabiner mit ein. Dazu nimmst du den ersten Faden und führst ihn im Ankerknoten unter die beiden Fäden des Schlaufenrings über den Steg deines Karabiners hindurch.

Wiederhole diesen Schritt mit 3 weiteren Fäden, sodass der Karabiner von insgesamt 4 Ankerknoten gehalten wird. Ziehe die Knoten schön fest.

Nun knüpfst du jeweils rechts und links neben dem Karabiner 3 weitere Fäden am unteren Schlaufenring im Ankerknoten auf.

Schritt 4

Drehe dein Projekt nun einmal um, sodass die leere Seite des Schlaufenrings vor dir liegt.

Als nächstes befestigst du die restlichen 10 Fäden im Ankerknoten (Variante von hinten) auf den beiden Fäden des unteren Schlaufenrings.

Tipp

Es ist nicht schlimm, wenn die Fäden des oberen Schlaufenrings und die Fäden des unteren Schlaufenrings nicht ganz parallel übereinander ausgerichtet sind. Dies lässt sich später durch Ziehen an den seitlichen Enden noch korrigieren.

Schritt 5

In diesem Schritt schließt du deinen Schlaufenring locker, indem du vorsichtig an den seitlichen Knotenenden ziehst. Du wirst feststellen, dass der Tunnelzug schon prima funktioniert. Wenn du zu fest zugezogen hast, kannst du ihn vorsichtig wieder etwas öffnen, indem du den Schlaufenring von innen mit den Fingern etwas weitest.

Schritt 6

Befestige dein Projekt nun an einem Knüpfständer oder einer Stange. Damit du mit den vielen Fäden nicht durcheinanderkommst, fixiere die seitlichen Knotenenden ebenfalls (z.B. mit etwas Klebeband), da diese nicht mit verknüpft werden.

Für das Kreuzknotenmuster knüpfst du in der ersten Reihe jeweils 2 Kreuzknoten untereinander. Am besten beginnst du auf der linken Seite und nimmst dir die ersten 4 Fäden neben dem linken Knotenende und verknüpfst diese zu 2 untereinander liegenden Kreuzknoten.

Wiederhole diesen Schritt mit allen weiteren Fäden auf der Vorder- sowie auf der Rückseite.

Schritt 7

Die nächsten Reihen werden jetzt rundum im versetzten Kreuzknotenmuster geknüpft.

Nimm dazu jeweils die 2 letzten Fäden eines Kreuzknotens und die 2 ersten Fäden des daneben liegenden Kreuzknotens und verknüpfe diese 4 Fäden mittig zu einem neuen Kreuzknoten.

Wenn du die Runde fertig hast, knüpfst du neun weitere Reihen im versetzten Kreuzknotenmuster.

Am Ende sollte dein Projekt eine Reihe aus doppelten Kreuzknoten und zehn Reihen aus einfachen Kreuzknoten haben.

Schritt 8 – Der Boden

Nimm dein Projekt vom Knüpfständer, **drehe es auf links** und halte es seitlich vor dich. Sortiere deine Fäden, sodass auf jeder Seite jeweils 20 Fäden liegen.

Für den Boden der Minitasche verknüpfen wir die seitlichen Fäden mittig untereinander zu einer Kreuzknotenreihe. Dazu knüpfst du nun an der unteren Seite zwischen den beiden Kreuzknoten mittig einen Kreuzknoten versetzt darunter. Die mittleren Fäden dieses neuen Kreuzknotens bilden die Arbeitsfäden für die weiteren Knoten.

Die beiden seitlichen Fäden legst du anschließend einfach nach hinten.

Hinweis

Bei dieser Technik werden nicht alle seitlichen Fäden miteinander verknüpft, sondern nur die beiden mittleren Fäden eines jeden seitlichen Kreuzknotens.

Nimm dir also jetzt den jeweils ersten mittleren Faden des nächsten seitlichen Kreuzknotens und knüpfe diese um die Arbeitsfäden deiner Bodenreihe zu einem weiteren Kreuzknoten.

Am Ende sollte deine Bodenreihe aus 10 Kreuzknoten bestehen.

8d

8e

8f

Schritt 9 – Fertigstellung

Wenn du den Boden geknüpft hast, ziehe die Fäden noch einmal schön fest nach und schneide alle Fäden auf etwa 1,5 cm ab.

Drehe deine Tasche nun wieder auf die richtige Seite zurück, sodass die Fäden innen verschwinden.

Jetzt löst du die Knoten deiner seitlichen Knotenenden und ziehst jeweils über beide Fäden eine Perle auf.

Die Enden hinter den Perlen werden auf gleicher Höhe fest zusammengeknotet. Die Enden der Fäden kannst du unter dem Knoten abschneiden.

9a

9b

9c

Deine Minitasche ist nun fertig.

Du kannst sie zum Beispiel hervorragend zur Aufbewahrung deiner Kopfhörer nutzen.

Zum Öffnen ziehst du die Tasche oben einfach mit den Fingern auseinander. Zum Schließen nutzt du die seitlichen Fäden.

Tipp

Diese Minitasche eignet sich auch wunderbar als kleine Geschenkidee für Kinder, da sie sich durch den Karabiner ganz praktisch an der Jeans oder dem Ranzen befestigen lässt. So ist Kleinkram, wie z.B. Haarspangen, schnell und sicher verstaut.

Projekt 4

Tür-Organizer / Smartphone-Halter

In diesem Kapitel zeige ich dir ein Projekt, welches du sehr vielfältig einsetzen kannst.

Der praktische Tür-Organizer schafft Ordnung, denn du kannst Kleinkram wie Stifte, Zettel, Nähutensilien und vieles mehr in der Tasche verstauen und an die Tür hängen. Oder du nutzt ihn als Smartphone-Halter, wenn du dein Handy lädst.

Highlight dieses Projekts ist das tolle, reliefartige Blütenmuster, dass du natürlich auch für andere Makramees verwenden kannst.

Materialien

- 1 Holzring (Durchmesser 7,0 cm)
- ca. 60 m Baumwollgarn (Stärke 3 mm)

Aufgrund des Musters empfehle ich dir für dieses Projekt ein geflochtenes oder gedrehtes Garn.

Zur Befestigung des Projekts kann ein Klemmbrett mit Pins sehr hilfreich sein. Du benötigst außerdem eine große Nadel.

Schritt 1 – Vorbereitung

Schneide dir 12 Fäden mit je 2,20 m Länge, sowie 12 Fäden mit je 2,00 m Länge, einen Faden mit 1,60 m Länge und 6 Fäden mit je 0,50 m zurecht.

Dieses Projekt besteht aus 2 Einzelteilen, die später miteinander vernäht werden.

Für den ersten Teil benötigst du die 2,20 m langen Fäden. Falte alle 12 Fäden mittig und befestige sie im Ankerknoten (Variante von vorn) an deinem Holzring. Achte darauf, dass du die Knoten schön festziehst.

Schritt 2

In der ersten Reihe verknüpfst du jeweils 4 Fäden zu einem Kreuzknoten miteinander.

Ab der zweiten Reihe knüpfst du das versetzte Kreuzknotenmuster mit Randmasche auf insgesamt siebenundzwanzig Reihen (13 Randmaschen) herunter.

2a

Tipp

Aufgrund der Rundung des Rings ist der Anfang nicht so einfach. Ab etwa der neunten Reihe wirst du aber merken, dass das Projekt zunehmend wieder gerade wird.

2b

2c

Schritt 3

Für den zweiten Teil dieses Projekts befestigst du deinen 1,60 m langen Faden als Arbeitsschnur auf deinem Klemmbrett. Achte darauf, dass du rechts und links etwa dieselbe Fadenlänge hast. Der Arbeitsbereich sollte etwa 15 cm umfassen.

Befestige alle 2,00 m langen Fäden im Ankerknoten (Variante von vorn) auf dem Arbeitsfaden.

Anschließend knüpfst du drei Reihen im einfachen Kreuzknotenmuster mit Randmasche.

Schritt 4

In Reihe vier knüpfst du versetzt nur noch insgesamt 3 Kreuzknoten. Zwischen diesen lässt du jeweils einen Knoten aus, sodass 3 kleine Dreiecke entstehen.

Das Blütenmuster wird durch je vier Rippenknotenreihen um das mittlere Dreieck geknüpft.

Nimm dir den ersten Führfaden. Dies ist der letzte Faden des oberen Kreuzknotens des ersten Dreiecks. Führe ihn zur rechten Seite herüber und knüpfe Rippenknoten über die nächsten 4 Fäden.

Schritt 5

Wiederhole Schritt 4 nun auf der gegenüberliegenden Seite. Der Führfaden für die erste Rippenknotenreihe ist der erste obere Faden des letzten Dreiecks. Führe diesen von rechts nach links herüber und knüpfe über die nächsten 4 Fäden Rippenknoten.

Wiederhole Schritt 4 und 5 weitere drei Mal. Führfaden ist dabei jeweils immer der nächstfolgende Faden des ersten bzw. letzten Dreiecks.

Halte den Führfaden immer genau in die Richtung, in die du knüpfen möchtest.

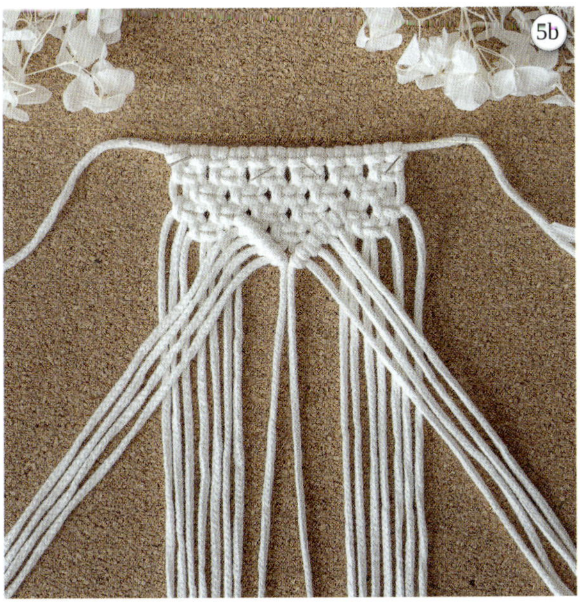

Schritt 6

Wenn du auf jeder Seite je vier Rippenknotenreihen geknüpft hast, füllst du die Mitte der Blüte mit Kreuzknoten auf.

Nimm dir dazu die mittleren 4 Fäden für den ersten Kreuzknoten.

Anschließend knüpfst du versetzt darunter je rechts und links einen Kreuzknoten und darunter nochmals einen weiteren Kreuzknoten.

Schritt 7

Bevor du die unteren Blütenblätter knüpfst, füllst du zunächst die rechte und linke Seite mit Kreuzknoten auf (einfaches Kreuzknotenmuster mit Randmasche).

Anschließend knüpfst du jeweils einen versetzten Kreuzknoten unter die ersten beiden, sowie die letzten beiden Kreuzknoten der untersten Reihe. Hierdurch entstehen jetzt wieder 3 Dreiecke.

Nimm den Faden des ersten Kreuzknotens aus der Mitte, führe ihn nach links herüber und knüpfe Rippenknoten über die nächsten 4 Fäden.

Schritt 8

Nimm nun den nächsten Faden von der Mitte, lege ihn als Führfaden nach links und knüpfe erneut eine Rippenknotenreihe über 4 Fäden. Wiederhole den Schritt, bis du vier Rippenknotenreihen auf der linken Seite geknüpft hast.

3 Blütenblätter sind nun bereits fertig. Für das letzte Blütenblatt wiederhole den Schritt auf der rechten Seite. Der Führfaden wird hierfür von der Mitte nach rechts unten gehalten.

Schritt 9

Deine Blüte ist nun fertig. Als nächstes füllst du die Mitte unter den Blütenblättern mit Kreuzknoten auf. Beginne dazu mit den 4 Mittelfäden und verbinde diese zu einem Kreuzknoten. Knüpfe darunter 2 weitere versetzte Kreuzknoten.

Anschließend werden auch die Seiten mit Kreuzknoten aufgefüllt.

Knüpfe danach noch weitere zwei Reihen im versetzten Kreuzknotenmuster. Du solltest nun an den Seiten jeweils 6 Randmaschen haben.

9a

9b

9c

Schritt 10

In diesem Schritt nähst du nun das Teil mit der Blüte auf das erste Teil mit dem Ring. Hierfür legst du beide Teile so übereinander, dass die untersten 6 Randmaschen direkt übereinanderliegen.

Zum Vernähen nutzt du die beiden Enden des Arbeitsfadens. Nimm dir eine große Stopfnadel und führe den Faden durch die ersten beiden übereinanderliegenden Maschen hindurch. Ziehe den Faden über die Naht und gehe mit der Nadel durch die nächsten beiden übereinanderliegenden Randmaschen. Wiederhole dies mit allen 6 Randmaschen.

Schritt 11 – Fertigstellung

Wenn du die Seite bis zur letzten Randmasche vernäht hast, drehe die Tasche auf die Rückseite und führe den Faden durch den untersten Kreuzknoten. Lass den Faden einfach mit den übrigen Fäden herunterhängen. Die andere Seite vernähst du auf genau dieselbe Weise.

Nimm dir die letzten 6 Fäden und binde damit jeweils immer die beiden übereinanderliegenden unteren Kreuzknoten mittels Wickelknoten zusammen.

Die Fäden schneidest du dann auf deine gewünschte Länge ab.

Projekt 5

Handtuchhalter

Materialien

- 2 Holzringe (Durchmesser 7,0 cm)
- ca. 12 m Baumwollgarn (Stärke 3 mm)

Für dieses Projekt kannst du jedes beliebige Garn verwenden.

Zur Befestigung kann ein Korkklemmbrett sehr hilfreich sein. Zudem benötigst du eine große Stopfnadel.

Schritt 1 – Vorbereitung

Du benötigst für dieses Projekt 6 Fäden mit einer Länge von je 2 m.

Falte alle 6 Fäden in der Mitte und befestige sie mittels Ankerknoten (Variante von vorn) an dem ersten Holzring.

Schritt 2

Diesen Handtuchhalter zeige ich dir im Webmuster.

> **Webmuster**
>
> Das Webmuster besteht ausschließlich aus halben Kreuzknoten, wobei in allen ungeraden Reihen (1, 3, 5, …) halbe Kreuzknoten von links und in allen geraden Reihen (2, 4, 6, …) halbe Kreuzknoten von rechts geknüpft werden. Durch diesen Wechsel entsteht ein ans Weben erinnerndes Muster.

In der ersten Reihe knüpfst du halbe Kreuzknoten von links.

Schritt 3

Knüpfe nun in der zweiten Reihe (versetzt zwischen den Knoten der ersten Reihe) halbe Kreuzknoten von rechts.

Wiederhole dieses Muster für die nächsten Reihen.

Tipp

Da beim halben Kreuzknoten die einzelnen Fäden nicht so fest ineinander verschlungen sind, wie bei dem ganzen Kreuzknoten, musst du die halben Knoten schön straff anziehen, damit das Muster gleichmäßig wird.

Schritt 4

Knüpfe im Webmuster weiter bis auf etwa 20 cm.

Schritt 5

Deinen zweiten Ring legst du nun ans Ende des geknüpften Teils.

Nimm den ersten Faden und ziehe ihn von unten durch den Ring nach oben.

Führe den Faden über den Ring nach hinten herum und ziehe ihn so durch den Ring, dass der Faden unten vor dem Ring auf der linken Seite herauskommt. Hierdurch entsteht die erste Schlaufe am Holzring.

Führe denselben Faden rechts neben der Schlaufe erneut über den Ring herum und bilde somit die zweite Schlaufe. Anschließend fädelst du den Faden von hinten zwischen die beiden auf dem Ring entstandenen Schlaufen hindurch.

Ziehe den entstandenen Knoten schön fest an und achte darauf, dass der Knoten recht eng am Ende des geknüpften Teils liegt.

Schritt 6

Wiederhole Schritt 5 auch für alle weiteren Fäden.

Wenn du alle Fäden am Ring befestigt hast, ziehe die einzelnen Fäden nach unten noch einmal nach, damit dein Handtuchhalter gerade wird.

Schritt 7

Alle 12 Fäden werden nun abschließend vernäht. Hierfür drehst du dein Projekt auf die Rückseite, nimmst dir einen Faden und fädelst ihn mit einer Stopfnadel vorsichtig durch etwa 2 kleine Knoten oder Schlaufen hindurch.

Wiederhole diesen Schritt mit allen übrigen Fäden.

Schritt 8 – Fertigstellung

Wenn du alle Fäden vernäht hast, schneidest du die Enden schön kurz ab. Damit sich im Laufe der Zeit nichts löst, kannst du die Schnittstellen zusätzlich mit ein wenig Textilkleber verkleben.

Dein Handtuchhalter ist nun bereit für den Einsatz.

Tipp

Für eine weitere Variante des Handtuchhalters in einem hübschen Rautenmuster findest du auf meinem Instagram-Kanal **@makrabags** eine ausführliche Videoanleitung:

Projekt 6

Blumenampel

Blumenampeln gehören zu den beliebtesten Makramee-Projekten.

Ich zeige dir eine sehr effektvolle und moderne Variante. Und ich verspreche dir: Es ist bei Weitem nicht so kompliziert, wie es aussieht.

Diese Blumenampel misst von der Aufhängung bis zu den Fransen etwa 65 cm (mit Fransen etwa 90 cm) und ist für Blumentöpfe mit einem Durchmesser von 12 cm bis 16 cm geeignet.

Materialien

- 1 Rundholz oder Ast (ca. 25 – 30 cm lang)
- ca. 75 m Baumwollgarn (Stärke 3 mm)

Für dieses Projekt verwende ich geflochtenes Garn. Du kannst aber auch gezwirntes oder gedrehtes Garn verwenden.

Zur Befestigung des Projekts benötigst du einen Knüpfständer oder eine Stange.

Schritt 1 – Vorbereitung

Du benötigst für diese Blumenampel 18 Fäden mit einer Länge von jeweils 4,00 m.

Tipp

Ich knüpfe dieses Projekt an meinem großen Knüpfständer und befestige mein Rundholz mittels Lederschlaufen. Diese sind innen angeraut und sorgen dafür, dass das Rundholz nicht herausrutscht. So lässt es sich deutlich einfacher knüpfen.

Schritt 2

Falte deine Fäden in der Mitte und befestige sie mittels Ankerknoten an deinem Rundholz oder Ast.

Spiralmuster

Die komplette Blumenampel wird im Spiralmuster gefertigt. Hierfür knüpfst du mit jeweils 4 Fäden immer nur halbe Kreuzknoten von links untereinander. Nach etwa 5 halben Knoten fangen die Fäden ganz von allein an sich zu drehen.

Knüpfe immer 7 halbe Kreuzknoten untereinander und wiederhole dies für die komplette Reihe.

Schritt 3

Wenn du in der ersten Reihe alle Fäden wie beschrieben verknüpft hast, beginnst du in Reihe zwei von vorn.

Auch hier knüpfst du – versetzt zwischen den ersten beiden Spiralknoten – den nächsten Spiralknoten. Hierfür nutzt du die letzten beiden Fäden der ersten Spirale und die ersten beiden Fäden der zweiten Spirale. Knüpfe auch hier 7 halbe Kreuzknoten untereinander.

Setze nun das abnehmende Knotenmuster im Spiralmuster fort, sodass ein Dreieck entsteht.

3a

3b

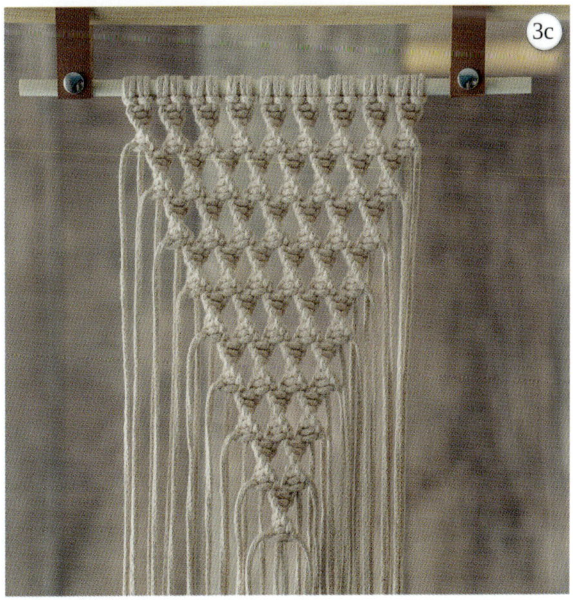
3c

Schritt 4

Nun knüpfst du im selben Muster unter deinem Dreieck ein weiteres Dreieck – dieses Mal jedoch im zunehmenden Kreuzknotenmuster.

Ziehe dir hierfür die beiden Fäden des ersten Spiralknotens aus der vorletzten Reihe deines Dreiecks herunter und die beiden ersten Fäden des letzten Spiralknotens. Verknüpfe diese 4 Fäden erneut zu einem aus 7 halben Kreuzknoten bestehenden Spiralknoten. Wiederhole den Schritt auch auf der rechten Seite.

Knüpfe insgesamt drei weitere Reihen.

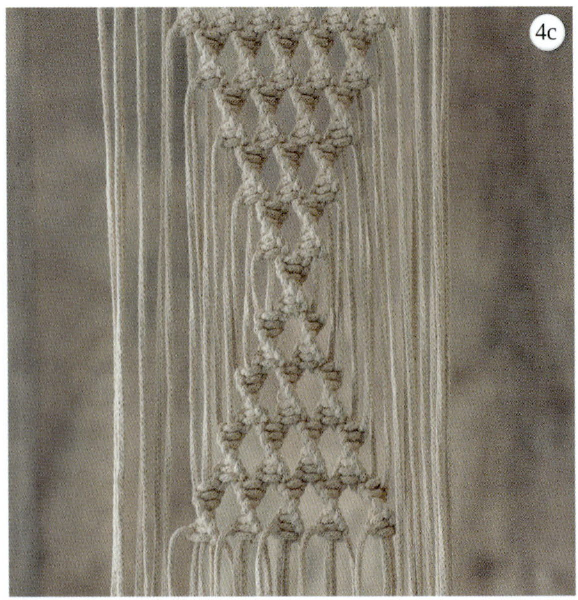

Schritt 5

Deine letzte Reihe besteht aus 5 Spiralknoten.

Im nächsten Schritt knüpfst du nun vier Reihen versetzte Spiralknoten – nun jedoch wieder im abnehmenden Kreuzknotenmuster, bis du in der letzten Reihe nur noch einen Spiralknoten hast.

Der hintere Teil der Blumenampel ist damit fertig. Was noch fehlt, ist das Netz, in welches man die Pflanze hineinstellt.

Hierfür verknotest du die beiden ersten und die beiden letzten Fäden deines Projektes zu einem Spiralknoten. Dieser sollte etwa in Höhe der Mitte der zweiten Raute verknotet werden.

Schritt 6

Jetzt knüpfst du auch hier ein zunehmendes Kreuzknotenmuster aus Spiralknoten. Nutze hierfür in jeder neuen Reihe die beiden nächsten Fäden vom Anfang bzw. vom Ende deines Projektes.

Knüpfe insgesamt vier Reihen im zunehmenden Kreuzknotenmuster für den vorderen Teil.

Schritt 7 – Fertigstellung

Anschließend knüpfst du auch im vorderen Teil noch einmal drei Reihen im abnehmenden Spiralknotenmuster direkt darunter. Dein vorderer Teil sollte am Ende ebenfalls wie eine Raute aussehen, bestehend aus insgesamt sieben Reihen.

Binde die Fransen direkt unter dem letzten Spiralknoten mittels Wickelknoten ab und schneide die Fäden auf deine gewünschte Länge zurecht.

Deine Blumenampel ist nun fertig und du kannst in das entstandene Netz eine Pflanze einhängen.

Projekt 7

Körbchen

Was eignet sich besser zur Aufbewahrung deiner liebsten Sachen als ein Körbchen? Körbchen aus Garn versprühen Gemütlichkeit und sind ein wunderschöner Blickfang in deinem Wohlfühlzuhause.

Ich zeige dir in diesem Kapitel, wie du dir ein solches Körbchen selbst knüpfen kannst. Das Besondere: Dieses Körbchen kommt ganz ohne Metallrahmen aus und kann daher in beliebigen Größen gefertigt werden. Das fertige Körbchen ist etwa 19 cm breit und tief, sowie 10 cm hoch.

Materialien

- ca. 90 m Baumwollgarn (Stärke 5 mm)

Ich empfehle dir für dieses Projekt ein geflochtenes Garn, damit das Körbchen am Ende schön stabil wird.

Zur Befestigung des Projekts kann ein Knüpfständer sehr hilfreich sein.

Schritt 1 – Vorbereitung

Schneide dir zunächst 17 Fäden in folgenden Längen zurecht:

- 1 Arbeitsfaden à 1,60 m
- 4 Fäden à 1,10 m
- 4 Fäden à 1,20 m
- 4 Fäden à 1,30 m
- 4 Fäden à 1,40 m

Dies sind die Fäden, die du für **ein** Seitenteil benötigst.

Schritt 2

Befestige deinen Arbeitsfaden an einem Knüpfständer und reihe die restlichen 16 Fäden im Ankerknoten (Variante von vorn) in folgender Reihenfolge auf deinem Arbeitsfaden auf:

- 2 Fäden à 1,10 m
- 2 Fäden à 1,20 m
- 2 Fäden à 1,30 m
- 4 Fäden à 1,40 m
- 2 Fäden à 1,30 m
- 2 Fäden à 1,20 m
- 2 Fäden à 1,10 m

Schritt 3

Nun knüpfst du elf Reihen im Kreuzknotenmuster mit Randmasche.

> **Tipp**
>
> Achte darauf, dass du möglichst fest und gleichmäßig knüpfst. Ziehe die einzelnen Fäden beim Verknoten schön an, damit das Körbchen später eine gute Stabilität hat.

Schritt 4

Anschließend knüpfst du ein Dreieck im abnehmenden Kreuzknotenmuster.

Schritt 5

Wiederhole die Schritte 1 bis 4 für 3 weitere Seitenteile, sodass du insgesamt 4 Seitenteile hast.

Schritt 6

Lege 2 Seitenteile nebeneinander und verknote sie an den beiden Arbeitsfäden miteinander.

Schritt 7

Die Arbeitsfäden legst du nun über Kreuz und führst jeweils einen Faden durch die jeweils gegenüberliegende, seitliche Randmasche. Am besten gelingt dies, wenn du große Stopfnadeln zum Vernähen nutzt. Wiederhole dies, bis du auch die letzten beiden Randmaschen vernäht hast. Im Anschluss verknüpfst du die Arbeitsfäden mit den nachfolgenden beiden Fäden zu einem Kreuzknoten.

Die anderen Seitenteile vernähst du auf dieselbe Weise. Du kannst nun schon das Körbchen erkennen.

Schritt 8

Um den Boden zu knüpfen, **drehe das Körbchen auf links**.

Verknüpfe die Seiten des Bodens miteinander, indem du die mittleren Fäden des ersten Kreuzknotens als Mittelfäden für alle folgenden Knoten nutzt. Nimm nun jeweils immer einen Faden von jeder Seite und verknüpfe diese beiden um die Mittelfäden zu einem neuen Kreuzknoten. Die jeweils äußeren Fäden legst du anschließend nach oben. Die mittleren Fäden bleiben als Mittelfäden für die restlichen Knoten stehen.

Führe die Reihe fort, bis du beide Seitenteile mit insgesamt 16 Kreuzknoten miteinander verbunden hast.

Schritt 9

Ziehe die einzelnen Knoten noch einmal fest nach und schneide die seitlichen Fäden auf etwa 2 cm ab. Die Mittelfäden lässt du lang herunterhängen.

Schritt 10

Wiederhole die Schritte 6 bis 9 auch für die übrigen Seiten des Bodens.

11a

Schritt 11 – Fertigstellung

Verbinde die letzten 8 Fäden mittels Faltknoten miteinander, um das kleine Loch in der Mitte zu verschließen. Schneide die Fäden auf 2 cm ab.

Drehe das Körbchen nun wieder um, drücke die Ecken heraus und ziehe die Seiten in Form. Dein Körbchen ist nun fertig.

11b

11c

Projekt 8

Hängenest

Materialien

- 1 Holzring (Durchmesser 3,5 - 4,5 cm)
- ca. 75 m Baumwollgarn (Stärke 3 mm)

Für dieses Projekt kannst du jedes Garn nutzen. Wenn dein Körbchen fester werden soll, empfehle ich geflochtenes Garn.

Zur Befestigung des Projekts kann ein Knüpfständer sehr hilfreich sein.

Schritt 1 – Vorbereitung

Schneide dir die Fäden wie folgt zurecht:

- 10 Fäden à 2,20 m
- 8 Fäden à 2,00 m
- 6 Fäden à 1,80 m
- 4 Fäden à 1,60 m
- 4 Fäden à 1,40 m
- 4 Fäden à 1,20 m
- 4 Fäden à 1,00 m

Schritt 2

Nimm dir zwei der längsten Fäden (2,20 m), falte sie jeweils in der Mitte und befestige sie mittels Ankerknoten (Variante von vorn) an deinem Holzring.

Ich empfehle dir, den Holzring an einem Knüpfständer oder einer Stange anzubringen, damit du die folgenden Schritte gut umsetzen kannst.

Schritt 3

Knüpfe nun mit den ersten 4 Fäden einen Kreuzknoten. Anschließend führst du die beiden äußeren Fäden als Arbeitsstränge zu jeweils einer Seite und bindest sie an deinem Knüpfständer fest.

Befestige nun die übrigen Fäden (jeweils 19 pro Seite) im Ankerknoten an den beiden Arbeitssträngen. Dabei beginnst du jeweils mit den längsten Fäden und gehst in der Reihenfolge absteigend weiter.

Schritt 4

Die 4 mittleren Fäden verknüpfst du zu einem Kreuzknoten.

Schritt 5

Fülle die Reihen mit Kreuzknoten auf, indem du versetzt unter dem ersten Kreuzknoten die nächsten Kreuzknoten knüpfst.

Tipp

Wenn du ein paar Reihen geknüpft hast, wirst du feststellen, dass sich das Projekt leicht wölbt. Du kannst die Ankerknoten auf den Arbeitssträngen einfach ein wenig auseinanderschieben, wenn du das Gefühl hast, dass das Projekt zu straff wird.

Schritt 6

Hast du alle Ankerknoten zu Kreuzknoten verknüpft und alle Reihen aufgefüllt, kannst du die beiden Arbeitsstränge vom Knüpfständer lösen. Diese stellen nun den ersten und den letzten Faden deines Projektes dar.

Nimm dir die jeweils ersten beiden Fäden jeder Seite und führe diese zur Mitte hin. Verbinde die beiden Seiten, indem du über diese 4 Fäden einen Kreuzknoten knüpfst.

Schritt 7

Das versetzte Kreuzknotenmuster knüpfst du nun in Runden weiter.

Schritt 8

Knüpfe sechs weitere Runden. Wenn du mittig (siehe Pfeil) 4 Kreuzknoten untereinander zählst, hast du eine gute Länge erreicht.

Schritt 9 – Fertigstellung

Jetzt kannst du alle Fäden zusammenfassen und mit einem Wickelknoten abbinden. Du benötigst hierfür einen zusätzlichen, etwa 1 m langen Faden. Ziehe anschließend alle Fäden unten noch einmal nach, um ein schönes, sternförmiges Muster im Inneren des Nestchens zu erhalten. Zum Schluss schneidest du noch die Fransen auf deine gewünschte Länge zurecht.

ERIC BERG
Das
Makro
bags
Makro
bags

Projekt 9

Pockettasche

Materialien

- 1 Holzring (Durchmesser 3,5 - 4,5 cm)
- ca. 100 m Baumwollgarn (Stärke 3 mm)

Ich empfehle dir für dieses Projekt ein geflochtenes Garn, damit die Tasche am Ende schön stabil wird.

Zur Befestigung des Projekts kann ein Korkklemmbrett mit Pins sehr hilfreich sein.

Die fertige Tasche ist etwa 19 cm breit und 45 cm lang (von der Aufhängung bis zum Ende der Fransen).

Tipp

Dieses Projekt habe ich im Rahmen meiner 3. Knotenwoche in einer sehr ausführlichen Schritt-für-Schritt-Videoanleitung gezeigt. Du findest es auf meinem Instagram-Kanal **@makrabags** unter dem Story-Highlight »3. Knotenwoche«.

Schritt 1 – Vorbereitung

Schneide dir zunächst die Fäden, die du für die Pockettasche benötigst, in folgenden Längen zurecht:

- 4 Fäden à 2,80 m
- 8 Fäden à 2,40 m
- 6 Fäden à 2,20 m
- 12 Fäden à 2,00 m
- 10 Fäden à 1,80 m
- 4 Fäden à 1,60 m

Die Fäden werden der Reihenfolge nach, beginnend mit den längsten, in das Projekt eingebracht.

Schritt 2

Nimm die ersten beiden Fäden, falte sie in der Mitte und befestige sie im Ankerknoten (Variante von vorn) an deinem Ring.

Nun nimmst du dir einen weiteren Faden von 2,80 m Länge, faltest ihn mittig und legst ihn unter die beiden Fäden des ersten Ankerknotens. Knüpfe mit diesem neuen Faden einen Kreuzknoten um die beiden Fäden des ersten Ankerknotens.

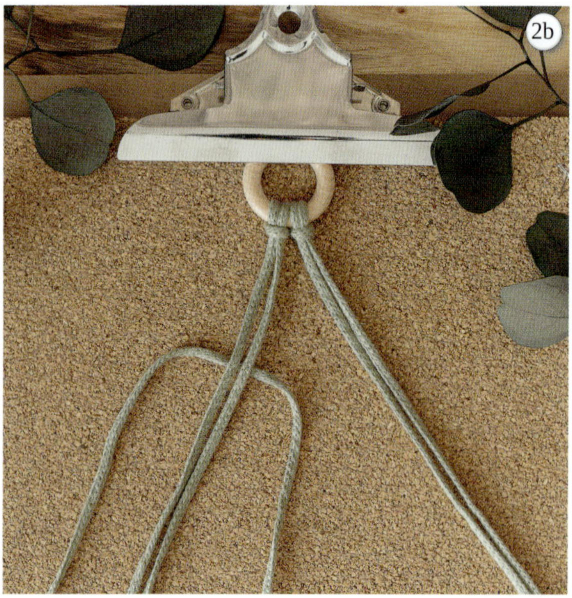

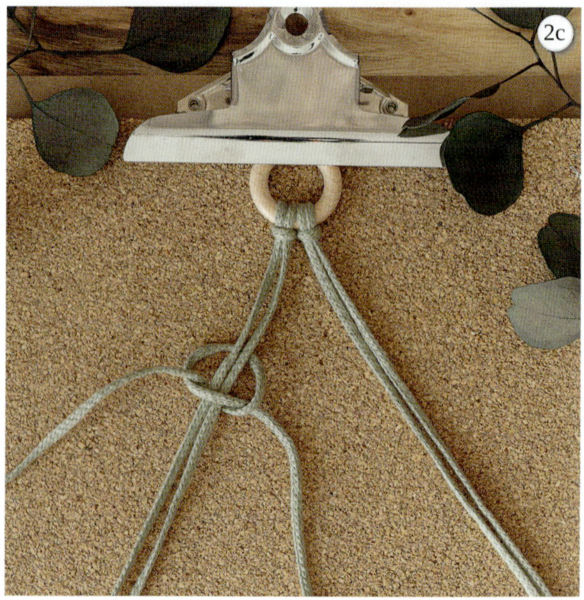

Schritt 3

Ziehe den Kreuzknoten fest an und schiebe ihn nach oben direkt unter den Ankerknoten.

Wiederhole Schritt 2 und 3 auch auf der anderen Seite.

Die 4 längsten Fäden (2,80 m Länge) sind nun bereits im Projekt verknüpft. Jetzt geht es der Reihe nach in absteigender Länge der Fäden weiter.

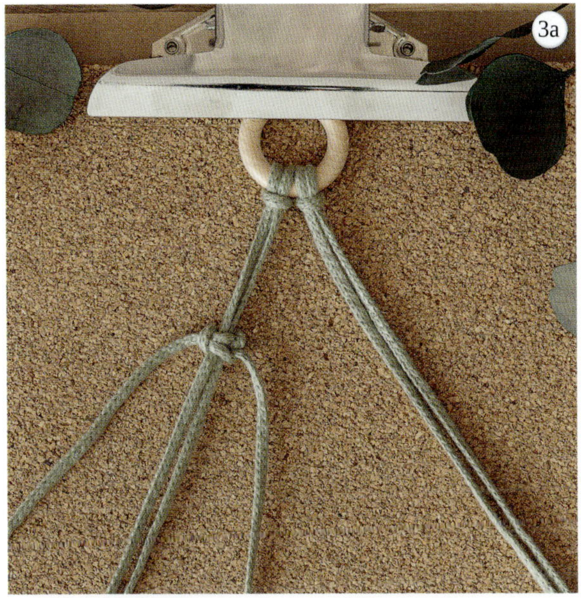

Schritt 4

Nimm dir einen der 2,40 m langen Fäden, falte ihn in der Mitte und befestige ihn mit Hilfe einer Nadel oder eines Pins auf der linken Seite direkt neben dem ersten Kreuzknoten.

Kreiere aus dem neuen Faden und den ersten beiden Fäden des ersten Kreuzknotens einen neuen, versetzt darunter geknüpften Kreuzknoten.

Nimm die Nadel bzw. den Pin einmal heraus, zieh den neuen Kreuzknoten nach und steck ihn wieder fest.

Alle weiteren (neuen) Fäden werden nun am Anfang und am Ende jeder neuen Reihe auf dieselbe Art in das Projekt gebracht.

Schritt 5

Knüpfe neben dem neuen Kreuzknoten versetzt unter die beiden ersten Kreuzknoten einen weiteren Kreuzknoten.

Wiederhole Schritt 4 auch auf der rechten Seite.

Bringe Schritt für Schritt alle weiteren Fäden der Länge nach in das Projekt ein, indem du jeweils einen neuen Faden am Anfang und am Ende jeder neuen Reihe integrierst und die Lücke dazwischen im versetzten Kreuzknotenmuster auffüllst.

6a

Schritt 6

Wenn du alle Fäden eingearbeitet und die Lücken dazwischen aufgefüllt hast, sollte ein Dreieck im zunehmenden Kreuzknotenmuster mit insgesamt einundzwanzig Reihen vor dir liegen.

Ab jetzt knüpfst du im abnehmenden Kreuzknotenmuster bis auf 4 Kreuzknoten herunter.

6b

6c

Schritt 7

Für den folgenden Zwischenschritt benötigst du noch einmal 4 zusätzliche Fäden in der Länge von 1,60 m.

Nimm 2 der Fäden, falte sie in der Mitte und befestige sie nebeneinander auf deinem Klemmbrett. Nun verknüpfst du sie zu einem Kreuzknoten. Wiederhole diesen Schritt mit den beiden weiteren Fäden.

Lege die beiden einzelnen Kreuzknoten nebeneinander und verbinde sie, indem du versetzt, darunter einen weiteren Kreuzknoten knüpfst.

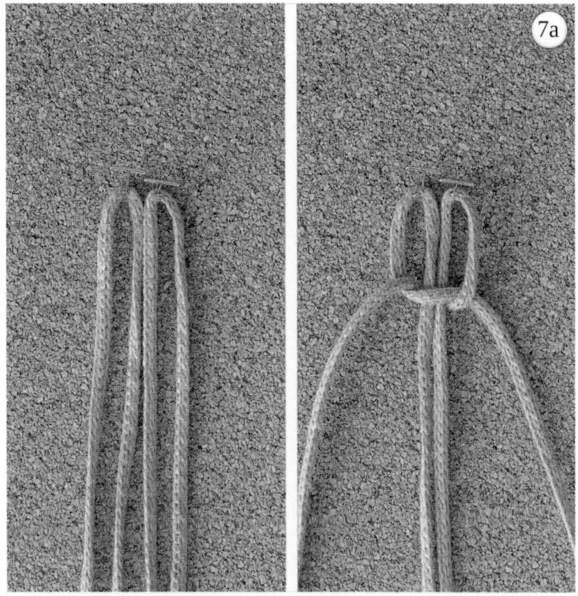

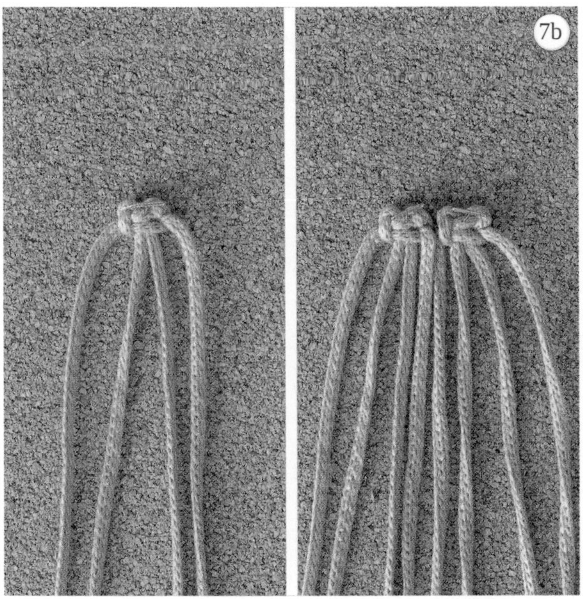

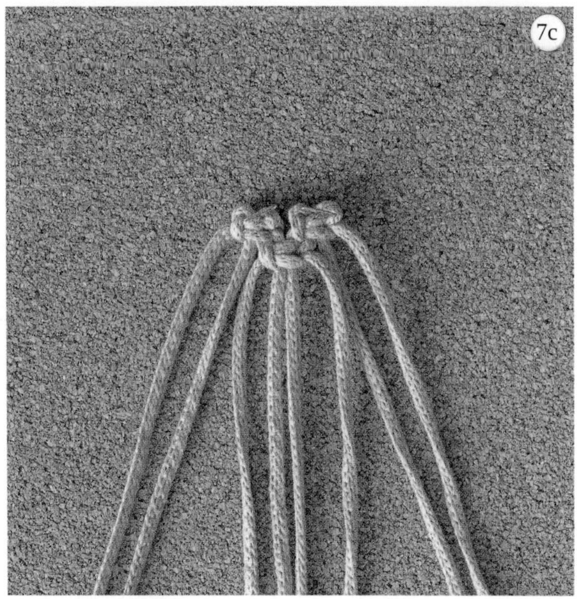

8a

Schritt 8

In diesem Schritt verbindest du die beide Einzelteile aus den Schritten 1-6 und 7 miteinander.

Hierfür faltest du zunächst die beiden äußeren Seiten deiner Pockettasche nach innen, indem du sie jeweils ab der zwölften Reihe einknickst. Befestige die beiden Enden der Seiten mit Pins. Du wirst feststellen, dass in der Mitte eine kleine Lücke bleibt. In diese Lücke setzt du das kleine Teil, welches du in Schritt 7 geknüpft hast und befestigst auch dieses mit Pins.

Anschließend knüpfst du versetzte Kreuzknotenreihen ab der Mitte nach unten weiter.

8b

8c

Schritt 9

Fülle den gesamten Teil unterhalb der gefalteten Mitte mit versetzt geknüpften Kreuzknoten auf.

Anschließend knüpfst du im abnehmenden Kreuzknotenmuster herunter, bis du ab der gefalteten Mitte neunzehn Reihen erreicht hast.

Schritt 10

Drehe die Pockettasche nun auf die Seite und fülle den mittleren Bereich Reihe für Reihe mit Kreuzknoten auf (siehe Pfeil).

Wiederhole diesen Schritt auch auf der anderen Seite.

Schritt 11 – Fertigstellung

Deine Pockettasche ist nun fast fertig.

Um sie unten zu verschließen, binde immer etwa 14 Fäden mittels Wickelknoten zusammen. Schneide dir dafür 7 zusätzliche Fäden mit einer Länge von etwa 0,80 m zurecht.

Nachdem deine Wickelknoten fertig sind, kannst du die Fäden auf die gewünschte Länge unten kürzen.

Deine Pockettasche ist nun einsatzbereit. Du kannst sie an dem Ring aufhängen.

11a

11b

11c

Projekt 10

Makramee-Tasche »Betty«

»Betty« ist eine meiner beliebtesten Makramee-Taschen. Auf meinem Instagram-Account zeige ich sie in vielen verschiedenen Farben und Farbkombinationen.

Die Tasche ist etwa 20 cm breit, 27 cm hoch sowie ca. 7 cm tief und passt nahezu zu jedem Anlass und zu jeder Gelegenheit.

In diesem Kapitel zeige ich dir Schritt für Schritt, wie du dir dieses wunderschöne Accessoire selbst knüpfen kannst.

Materialien

- 1 Paar Holzgriffe (ca. 15 cm breit)
- ca. 75 m geflochtenes Baumwollgarn (Stärke 5 mm)

Für den ersten Teil dieses Projekts kann ein Korkklemmbrett zur Befestigung sehr hilfreich sein. Für den zweiten Teil wäre ein Knüpfständer, an dem du das Projekt aufhängen kannst, ideal.

Schritt 1 – Vorbereitung

Schneide dir 40 Fäden mit einer Länge von jeweils 1,80 m zurecht.

Tipp

Ich nutze für dieses Projekt ein recht elastisches, geflochtenes Baumwollgarn mit Kern, da es sich leicht verknüpfen lässt, angenehm weich ist, aber dennoch eine gute Stabilität aufweist.

Wenn du ein ähnlich elastisches Garn verwendest, achte bitte darauf, dass du die Fäden beim Zuschnitt nicht zu straff ziehst, damit sie nicht zu kurz werden.

Schritt 2

Nimm dir den ersten Holzgriff und 10 deiner Fäden. Falte die Fäden in der Mitte und reihe sie im Ankerknoten (Variante von vorn) auf dem unteren Steg des Griffes auf.

Anschließend knüpfst du eine Reihe Kreuzknoten.

Ab Reihe zwei wird versetzt im abnehmenden Kreuzknotenmuster weiter geknüpft.

Den Griff kannst du nun erst einmal beiseite legen.

Schritt 3

Stecke dir 2 in der Mitte gefaltete Fäden nebeneinander mit Pins oder Nadeln an deinem Klemmbrett fest.

Verknüpfe die Fäden zu einem Kreuzknoten, löse die Pins/Nadeln und ziehe die Mittelfäden deines Kreuzknotens noch einmal fest an, damit der Knoten schön gleichmäßig wird.

Wiederhole diesen Schritt mit 8 weiteren Fäden, sodass du insgesamt 5 Kreuzknoten vor dir liegen hast.

Schritt 4

Befestige die 5 losen Kreuzknoten mittels Pins/Nadeln nebeneinander auf deinem Klemmbrett und verknüpfe sie miteinander im abnehmenden Kreuzknotenmuster zu einem Dreieck.

Schritt 5

Lege das Teil, das du eben geknüpft hast, neben das Stück mit dem Griff, welches im Schritt 2 entstanden ist. Befestige beide Teile so auf deinem Klemmbrett, dass sie dir nicht verrutschen, wenn du gleich daran weiterarbeitest.

Verbinde beide Teile, indem du versetzt Kreuzknoten knüpfst und zunächst die Lücke zwischen den beiden Teilen auffüllst.

Jetzt verknotest du dieses Stück weiter im abnehmenden Kreuzknotenmuster.

Schritt 6

Wiederhole Schritt 2 bis 5 auch für den zweiten Griff und die übrigen 20 Fäden. Alle 40 Fäden sind nun im Projekt.

Die beiden entstandenen, identischen Teile legst du anschließend nebeneinander und befestigst sie auf deinem Klemmbrett. Verbinde sie miteinander, indem du versetzt Kreuzknoten knüpfst und die Lücke zwischen beiden Teilen auffüllst.

Knüpfe auch dieses Stück im abnehmenden Kreuzknotenmuster herunter, bis du ganz unten an der Spitze nur noch 2 Kreuzknoten nebeneinander hast. An der rechten Seite solltest du 19 Kreuzknoten zählen.

Schritt 7

Für die nächsten Schritte empfehle ich dir, dein Projekt an einem Knüpfständer oder einer Stange zu befestigen. Hänge es so auf, dass die Griffe übereinander liegen.

Die beiden Enden verbindest du miteinander, indem du einen versetzten Kreuzknoten knüpfst.

Nun füllst du Reihe für Reihe die Lücke mit Kreuzknoten auf (versetztes Kreuzknotenmuster).

Schritt 8

Als nächstes knüpfst du zwei zusätzliche Reihen für den Boden. Suche dir hierfür den ersten Kreuzknoten vor dem Steg des Griffs, gehe in dieser Kreuzknotenreihe senkrecht nach unten und knüpfe beginnend an dieser Stelle 6 Kreuzknoten nebeneinander.

In der Reihe darunter knüpfst du weitere 5 versetzte Kreuzknoten.

Wiederhole diesen Schritt auch auf der Rückseite.

Schritt 9

An den Seiten werden ebenfalls zwei weitere Kreuzknotenreihen geknüpft, sodass ein abnehmendes Dreieck entsteht.

Suche dir dafür genau die Mitte der Seite und knüpfe eine Reihe mit 2 Kreuzknoten und darunter einen weiteren versetzten Kreuzknoten.

Wiederhole diesen Schritt auch auf der anderen Seite.

Schritt 10

In diesem Schritt verknüpfst du als erstes die einzelnen Seiten miteinander.

Jede Seite hat 3 Kreuzknoten. Verknüpfe die Fäden des jeweils ersten Kreuzknotens versetzt darunter zu einem neuen Kreuzknoten. Leg die äußeren Fäden nach oben. Die mittleren Fäden bleiben als Mittelfäden für die restlichen Knoten stehen.

Nimm nun jeweils immer einen Faden von jeder Seite und verknüpfe sie um die Mittelfäden zu einem neuen Kreuzknoten. Führ die Reihe fort, bis du beide Seitenteile mit insgesamt 5 Kreuzknoten verbunden hast.

Schritt 11

Wiederhole Schritt 10 für die übrigen 3 Seiten.

Drehe die Tasche nun mit den Holzgriffen nach unten, sodass du den Boden vor dir hast.

Nimm dir die beiden Mittelfäden der ersten Seite und die beiden Mittelfäden der zweiten Seite und verknüpfe sie zu einem Kreuzknoten. Lege die äußeren Fäden anschließend nach hinten. Die beiden mittleren Fäden bleiben als Mittelfäden für die weiteren Kreuzknoten stehen.

Schritt 12

Um den Boden zu schließen, verknüpfst du die jeweils seitlichen Fäden um die beiden Mittelfäden. Allerdings nimmst du hierfür nicht alle seitlichen Fäden, sondern nur die jeweils mittleren Fäden der seitlichen Kreuzknoten.

Für diese Tasche sind es 6 Fäden auf der rechten und 6 Fäden auf der linken Seite, die du um die beiden Mittelfäden zu Kreuzknoten verknüpfst.

Wenn du einen Kreuzknoten geknüpft hast, legst du die äußeren Fäden jeweils immer nach hinten. Verknote die letzten Fäden miteinander, um das letzte Loch zu verschließen.

Schritt 13 – Fertigstellung

Ziehe noch einmal alle Knoten der Seitenteile und der Bodenreihe nach, bevor du alle Fäden auf etwa 2 cm abschneidest.

Im letzten Schritt krempelst du die Tasche einmal nach innen. Dabei drückst du alle Ecken schön heraus und »ziehst« die Tasche in Form.

Deine »Betty« ist nun fertig.

Tipp

Vielleicht möchtest du deine Tasche noch ein wenig verschönern? Dann habe ich hier einen Tipp für dich:

Auf meinem Instagram-Kanal @makrabags findest du eine Videoanleitung für ein süßes, abnehmbares Tassel.

Projekt 11

Brillen-Board

Kennst du das auch? Ständig sucht man seine Brillen. Ob die Lesebrille oder im Sommer die Sonnenbrille. Wir sind zuhause eine vierköpfige Familie und bei uns war immer jemand auf der Suche nach seiner Brille.

Aus dieser Not heraus habe ich dieses hübsche Brillen-Board entworfen. Damit hast du endlich einen tollen Platz zur Aufbewahrung von Brillen. Es ist etwa 20 cm breit und 40 cm lang.

Materialien

- 1 Rundholz (etwa 20 – 22 cm lang)
- 1 Regalboden (etwa 18 cm lang und breit)
- ca. 35 m Baumwollgarn (Stärke 5 mm)

Da man die Fäden dieses Projekts als Halterungen für die Brillen nutzt, empfehle ich dir geflochtenes Garn zu verwenden, damit sich bei häufiger Benutzung keine Fäden ziehen.

Schritt 1 – Vorbereitung

Schneide dir zunächst 12 Fäden mit einer Länge von je 2,20 m zurecht.

Falte die Fäden jeweils in der Mitte und befestige sie mittels Ankerknoten (Variante von vorn) auf deinem Rundholz.

Schritt 2

Jetzt knüpfst du 15 Reihen im Netzmuster mit Randmasche.

Netzmuster

Das Netzmuster ist ein Muster, welches ebenfalls aus versetzt geknüpften Kreuzknoten besteht. Allerdings lässt man zwischen den Reihen einen Abstand, wodurch das an ein Netz erinnernde Muster entsteht. Damit es auch gleichmäßig wird, empfiehlt sich ein Abstandshalter. Hierfür kannst du z.B. einfach ein Maßband (ca. 1,5 cm breit) nutzen.

Schritt 3

Nun schneidest du dir einen zusätzlichen Faden mit einer Länge von 3 m zurecht. Falte diesen in der Mitte und befestige ihn links neben dem bereits geknüpften Teil im Ankerknoten (Variante von vorn).

Zuerst knüpfst du einen halben Rippenknoten mit dem linken um den rechten Faden. Anschließend knüpfst du einen halben Rippenknoten mit dem rechten um den linken Faden. Hierdurch entsteht ein hübsches Muster.

Setze das Muster bis etwa 5 cm unter dem geknüpften Teil fort und wiederhole diesen Schritt auch auf der anderen Seite.

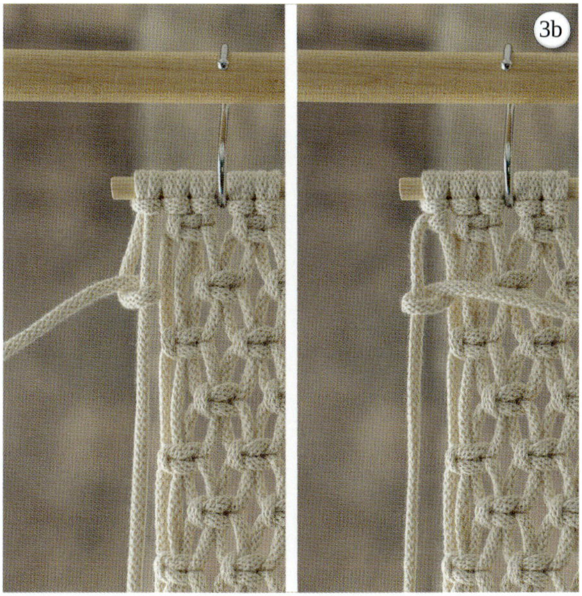

Schritt 4 – Fertigstellung

Nimm deinen Regalboden und führe zunächst die Fäden der beiden seitlichen Stränge durch die vorderen Löcher des Bodens und fixiere sie unter dem Regalboden mit einem einfachen Knoten.

Ziehe anschließend die Mittelfäden des jeweils letzten Kreuzknotens auf der rechten und linken Seite durch den Regalboden und verknote auch diese mit einem einfachen Knoten von unten.

Den Boden richtest du nun gerade aus und ziehst die Knoten noch einmal richtig fest. Dein Brillenboard ist nun einsatzbereit.